VENTE

HOTEL DROUOT, SALLE N° 1

des Lundi 1er et Mardi 2 Février 1904

A 2 HEURES

BEAUX MEUBLES

DE STYLES

Renaissance & XVIIIme Siècle

MEUBLES ANCIENS ET GOTHIQUES

Marbres, Bronzes, Antiquités

PORCELAINES & FAIENCES ANCIENNES

Objets de Vitrine, Bijoux

Tableaux Anciens et Modernes

TAPISSERIES

Étoffes — Tentures — Tapis

Me F. LAIR DUBREUIL	**M. ARTHUR BLOCHE**
COMMISSAIRE-PRISEUR	Expert près la Cour d'Appel
6, rue de Hanovre, 6	51, rue Saint-Georges, 51

EXPOSITION PUBLIQUE

LE DIMANCHE 31 JANVIER 1904

DE 2 HEURES A 5 HEURES 1/2

PARIS. — IMPRIMERIE C. CHAUFOUR

8-10, Rue Milton, 8-10

CATALOGUE

DE

Beaux Meubles

de styles

RENAISSANCE ET XVIIIᵉ SIÈCLE

en bois sculpté, doré et laqué

DE

Salons, Chambres à coucher
Salle à manger, Cabinet de travail, Bibliothèque, Antichambre
Vestibule

Meubles anciens et gothiques

MARBRES, BRONZES, ANTIQUITÉS

Porcelaines et faïences anciennes, européennes
et de l'Extrême-Orient, Bois sculptés, Armes, Fers forgés, Ivoires
Services de table en porcelaine et de Baccarat

BIJOUX, OBJETS DE VITRINE, ORFÈVRERIE

TABLEAUX ANCIENS ET MODERNES

Dessins — Aquarelles — Gravures

TAPISSERIES ANCIENNES

Cachemire, Crêpe de Chine, Etoffes, Tentures, Tapis d'Orient
et d'Aubusson

DONT LA VENTE AURA LIEU

HOTEL DROUOT, SALLE Nᵒ 1

Les Lundi 1ᵉʳ et Mardi 2 Février 1904, à 2 heures

Mᵉ F. LAIR-DUBREUIL	M. Arthur BLOCHE
COMMISSAIRE-PRISEUR	EXPERT PRÈS LA COUR D'APPEL
6, *Rue de Hanovre*, 6	51, *Rue Saint-Georges*, 51

Chez lesquels se trouve le présent catalogue

EXPOSITION PUBLIQUE

Le Dimanche 31 Janvier 1904, de 2 heures à 5 heures et demie

CONDITIONS DE LA VENTE

La vente sera faite expressément au comptant.

Les acquéreurs paieront 10 o|o en sus des adjudications.

L'exposition mettant le public à même de se rendre compte de l'état des objets, il ne sera admis aucune récla mation une fois l'adjudication prononcée.

4549. — Imp. C. Chaufour. 8-10, rue Milton. Paris.

DÉSIGNATION

MEUBLES

1 — Belle console en bois sculpté et doré d'époque Régence à dessus de marbre.

2 — Ameublement de salle à manger en noyer sculpté de style Renaissance composé de : un buffet à deux corps ; une table carrée ; une pannetière ; un meuble argentier ; deux fauteuils et six chaises garnies en cuir.

3 — Ameublement de chambre à coucher en acajou et filets de cuivre de style Louis XVI composé de : un lit de milieu, une armoire à glace et une table de nuit.

4 — Belle armoire bretonne en bois sculpté ouvrant à deux vantaux à galeries ajourées et ornements, flanquée de chaque côté de moitié de colonnes torses.

5 — Petit bureau bonheur du jour en acajou à filets de cuivre, dessus de marbre blanc à galerie de cuivre. Style Louis XVI.

6 — Petit bureau à dos d'âne en chêne garni sur le devant de quatre tiroirs, entrées de serrures en bronze.

7 — Deux petites consoles en bois sculpté et doré. style Louis XVI, dessus de marbre blanc.

8 — Armoire bretonne en bois sculpté ouvrant à un vantail.

9 — Commode en acajou garnie de cuivre, dessus en bois. Style Louis XIV.

10 — Autre commode en marqueterie de palissandre à filets et ornements en cuivre, dessus en bois. Style Louis XIV.

11 — Deux fauteuils Empire en acajou couverts en velours rouge à bandes de tapisserie.

12 — Paravent à double face en bois sculpté peint blanc à trois feuilles garnies en soie brochée fond vert. La partie supérieure est décorée de six aquarelles paysages dans des encadrements dorés. Style Louis XVI.

13 — Meuble crédence en noyer sculpté de style Renaissance, la partie centrale ouvrant à deux portes garnies de petites glaces biseautées, de la maison Dienst.

14 — Table de salon en marqueterie de bois et filets de cuivre sur quatre pieds cannelés reliés par une entrejambe, de la maison Dienst.

15 — Console en bois doré surmontée d'une glace de style Louis XV.

15 *bis* — Grande glace cadre doré de style Louis XVI.

16 — Psyché Louis XIII en bois sculpté et doré.

17 — Deux chaises légères en bois sculpté et doré, de style Louis XV, couverte en lampas fond vieux rose à fleurs, de la maison Dienst.

18 — Etagère à musique en palissandre.

19 — Table à quatre faces en marqueterie de bois dessin à losanges, ornements en bronze doré. Style Louis XV.

20 — Table gigogne en bois laqué noir.

21 — Petite table tricoteuse en acajou à tablettes d'entrejambe.

22 — Support en bois sculpté de style chinois, dessus en marbre.

23 — Grande armoire d'aspect monumental ouvrant à deux portes en bois sculpté divisé par panneaux à dessins gothiques montants à clochetons fleuronnés, fronton avec galerie à fond, surmonté aux extrémités de pommes fleuries. Travail ancien.

24 — Table gothique de forme rectangulaire avec bandeaux à ogives ajourées posant sur piètement à colonnettes et arcades.

25 — Siège forme curule en terre cuite entière-
ment décoré de bas reliefs, sujet tiré de l'an-
tiquité, avec coussin en soie broché.

26 — Banc de pied couvert en ancienne tapisserie fond jaune à fleurs.

27 — Deux vantaux de fenêtre avec médaillons
à personnages de la maison CHAMPIGNEULLES.

28 — Console Louis XV en bois sculpté.

29 — Ameublement de salle à manger en noyer
sculpté composé d'un buffet à deux corps, le
haut orné de vitraux, de six chaises foncées
de canne et de deux dressoirs.

30 — Lit en bois sculpté peint blanc, style
Louis XV.

31 — Deux lits jumeaux en noyer sculpté, style
Louis XV.

32 — Lit de milieu en noyer sculpté, style
Louis XV.

33 — Banquette de coin de billard en noyer
sculpté, couverte de cuir de Cordoue.

34 — Deux porte manteaux en chêne sculpté à
fond de glaces.

35 — Deux escabeaux en chêne sculpté.

36 — Tabouret oriental, forme octogonale, en
bois incrusté de nacre et d'os.

37 — Secrétaire en acajou, dessus en marbre.

38 — Table à coiffer en bois laqué blanc, dessus
en marbre, surmontée d'une glace, style
Louis XV.

39 — Casier à musique en bois sculpté peint
blanc.

40 — Casier à rayons pour livres en bois noir.

41 — Vitrine en bois sculpté peint blanc, style
Louis XV.

42 — Deux étagères d'applique en bois sculpté à
fond de glace.

43 — Canapé et quatre fauteuils en bois sculpté
peint blanc avec coussin en velours jaune.

44 — Deux pieds de cache-pots laqué blanc.

45 — Chaise longue recouverte de soierie rayée capitonnée.

46 — Chaise laquée blanc foncée de canne.

47 — Table en noyer sculpté, style Henri II.

48 — Toilette en frêne dessus en marbre et carreaux de faïence.

49 — Glace de Venise avec fronton et écoinçons en cuivre.

50-51 — Lot de panneaux vitraux de couleur à personnages.

52 — Canapé en velours de lin jaune dans un encadrement en bois sculpté peint blanc formant étagère à fond de glace.

53 — Niche avec gaine en bois sculpté peint blanc.

54 — Banquette en noyer sculpté garnie de soierie rouge.

55 — Trois paravents à claire voie en bois laqué.

56 — Deux vitraux, encadrements en noyer.

57 — Armoire-lit en bois genre noyer.

58 — Ecran en bois peint blanc, feuille en soierie.

59 — Trumeau en bois sculpté à guirlandes de fleurs, le haut orné d'une toile de Jouy.

60 — Lustre **en** fer forgé, à l'électricité.

61 — Douze chaises de salle à manger en noyer, couvertes de cuir.

62 — Coffre en bois sculpté à personnages Renaissance.

63 — Bibliothèque bois sculpté peint blanc.

64 — Six petites tables en bois sculpté peint blanc.

65 — Bois de paravent à deux feuilles, sculpté et peint blanc.

66 — Paravent en bois peint blanc, feuilles en soierie.

67 — Rouet ancien en bois sculpté.

68 — Cinq chaises en bois sculpté, couvertes en cuir.

69 — Selle pour atelier.

70 — Petit coffre-fort.

71 — Pupitre à musique en bois noir.

72 — Glace, cadre bambou peint blanc.

SCULPTURES

73 — Statuette en marbre : La Source, de LANSON.

74 — Buste de femme Louis XV en marbre blanc.

75 — Statuette en marbre : Marguerite effeuillant une fleur.

76 — Buste de femme xvin siècle en marbre.

77 — Deux bustes en marbre : le Frère de Louis-Philippe et sa femme, d'après Canova. Signés : M. V. Hoyer, 1844.

78 — Tête en marbre.

79 — Buste en terre cuite : le Dante.

BRONZES

80 — Beau lustre en bronze ciselé et doré à douze lumières formées par des têtes de fannes et des feuillages d'après Gouthière. Travail de la maison Thiébaut.

81 — Garniture de cheminée en marbre fleur de pêcher et bronze doré. Composé de : Une pendule à cadran surmonté d'une sphère, ornée de figures de jeune fille et d'enfant et deux candélabres forme vases trépieds garnis de bouquets de fleurs à trois lumières.

82 — Deux statuettes de femmes drapées de style Renaissance portant des candélabres à sept lumières. Signées FALGUIÈRE et PAUL DUBOIS. Edition de BARBEDIENNE.

83 — Lustre en bronze doré de style Louis XVI.

84 — Garniture de cheminée composée de : Une pendule en marbre noir avec figure de femme allégorique et deux candélabres formés par des statuettes de femmes en bronze supportant des bouquets à dix lumières.

85 — Jardinière surtout de table en bronze argenté de style Louis XVI.

86 — Lustre en cuivre orné de cristaux à neuf lumières.

87 — Suspension en cuivre travail hollandais.

88 — Candélabre en bronze doré à six lumières.

89 — Paire de bouts de table en bronze à trois lumières.

90 — Groupe en bronze : La Vendange.

91 — Corbeille de surtout en métal argenté de style Louis XVI.

92 — Lustre en bronze doré à quinze lumières, à gaz.

93 -- Pendule forme vase en bronze doré à figure d'amour au carquois.

94 — Garniture de cheminée en marbre et bronze, composée d'une pendule et deux coupes.

95 — Pendule en bronze doré à figure d'Hercule.

96 — Paire de candélabres en cuivre doré à trois lumières

97 — Vide poche forme char.

98 — Paire de bouts de table à deux lumières en bronze argenté de style Louis XV.

99 — Petite pendule en bronze ciselé et doré : La Musique, Ier Empire.

100 — Pendule en marbre blanc, sujet en bronze doré : La Jeune Mère.

101 — Deux lustres porte cierges en bronze doré.

102 — Suspension d'Autel en bronze doré.

103 — Bras d'applique porte lumière en bronze doré.

104 — Pendule en marbre et bronze doré surmontée d'un Lion en bronze patine brune.

105 — Paire d'appliques à deux lumières en bronze doré de style Louis XV.

106 — Croix en bronze et bronze cloisonné de BARBEDIENNE.

107 — Croix en onyx et bronze cloisonné.

108 — Croix en bronze doré.

109 — Pied de lampe en émail cloisonné et bronze doré.

110 — Jardinière en bronze et vase en cuivre.

111 — Groupe de coq et faisan en bronze.

112 — Deux statuettes en bronze argenté sur colonnettes en marbre.

113 — Flambeau en bronze à figure de singe.

114 — Deux pots à tabac en cuivre et composition.

115 — Brûle-parfums cassolette en bronze du Japon.

116 — Canard en bronze japonais.

117 — Brûle-parfums en bronze du Japon.

118 — Deux appliques à glaces biseautées garnies de lumières en bronze.

119 — Galerie de foyer en bronze.

120 — Paire de chenets avec pelle et pincettes en fer forgé.

121 — Lanterne d'antichambre en fer garnie de vitraux.

122 — Deux landiers avec traverses en fer forgé surmontés de fleurs de lys et ornés de têtes de lions en cuivre jaune. Travail de style Renaissance de Finet.

123 — Pelle et pincettes en fer forgé avec poignée en cuivre ciselé.

124 — Deux landiers avec traverse, pelle et pincettes en fer forgé, extrémités à fleurs de lys. Travail de FINET.

125 — Branche forme fleurs à électricité.

126 — Garde-feu grillagé garni de bronze.

127 — Paire de candélabres en fer forgé.

128 — Trois bras d'appliques en fer forgé.

129 — Deux landiers en fer forgé.

130 — Deux paires d'appliques en bronze doré à électricité.

131 — Plafonnier forme soleil en bronze à élec tricité.

132 — Grande applique forme branchage fleur en bronze doré.

PORCELAINES, FAIENCES

133 — Paire de vases en porcelaine genre de
Sèvres, orné de médaillons à bustes de femmes du temps de Louis XVI, couvercles
forme couronnes.

134 — Paire de vases forme boules en porcelaine gros bleu de Sèvres, ornés de médaillons à personnages, monture en bronze doré,
style Louis XVI.

135 — Paire d'appliques formées par des plats en
porcelaine décorée de personnages, monture
en bronze doré.

136 — Deux lampes en porcelaine décorée, monture en bronze.

137 — Service en porcelaine de Saxe décor à
fleurs, composé de : Un plateau, six tasses
avec soucoupes et six cuillers.

138 — Deux compotiers en ancienne porcelaine
de Chine, décor à la jardinière fleurie.

139 — Potiche en vieux Japon, décor en bleu.

140 — Compotier en ancienne porcelaine de Chine.

141 — Deux assiettes en ancienne porcelaine de Siam, dessin aux divinités.

142 — Deux pots de pharmacie en porcelaine de Chine à fleurs.

143 — Six assiettes en ancienne porcelaine d'Arras, décor en bleu.

144 — Six pichets en grès de Flandres et de Cologne.

145 — Deux statuettes de saints en ancienne porcelaine espagnole.

146 — Deux statuettes d'hommes en porcelaine de Chine.

147 — Potiche en vieux Chine, décor en bleu à cachets.

148 — Grand plat en ancienne porcelaine de Chine, décor en bleu.

149 — Vase en vieux Chine, décor bleu flambé.

150 — Deux bols en vieux Satzuma à personnages.

151 — Lampe en porcelaine décorée à médaillon et guirlande de fleurs, monture en bronze.

152 — Vase en porcelaine de Chine à décor bleu.

153 — Coupe en porcelaine décorée, l'Amour et Psyché. monture en bronze doré.

154 — Encrier en porcelaine de l'Inde.

155 — Bouteille en faïence de Rouen.

156 — Bonbonnière en porcelaine de Chine.

157 — Paire de vases forme bouteilles à anses en porcelaine gris craquelé de la Chine, décor à fleurs et ornements.

158-159 — Quatre jardinières en faïence gros bleu.

160 — Jardinière en terre peinte avec galerie.

161 — Deux bas-reliefs en biscuit, encadrés de peluche rouge.

ANTIQUITÉS, OBJETS DIVERS

Armes

162 — Statuette en terre cuite antique représentant une jeune femme assise sur un rocher. Le corps est légèrement tourné vers la gauche. Le haut du corps est nu ; une draperie couvre les jambes. Tanagra. Haut. 0.^{m}21.

163 — Statuette en terre-cuite antique, représentant une jeune femme debout, drapée dans un ample manteau dont elle retient les plis de la main droite. Tanagra. Haut. : 0^{m}19.

164 — Cinq petits vases à panse sphérique, en terre blanche, à décor de palmettes et deux petits statuettes en terre cuite antique.

165 — Aryballe corinthien décoré d'une figure de femme ailée en rouge brun sur fond blanc.

166 — Panneau en laque et applications d'ivoire. Travail chinois.

167 — Miroir oriental, cadre en nacre.

168 — Plaque encadrée, collection de marbres de l'Oural.

169 — Bas-relief en cire : l'Assomption.

170 — Bas-relief en bois sculpté peint blanc, décor en relief représentant la Cène au milieu de feuillages, écoinçons à têtes d'anges. XVIIIe siècle.

171 — Deux panneaux en bois de fer sculpté de chine, décor en relief à personnages.

172 — Paire de grandes défenses d'éléphant en ivoire.

173 — Paire de défenses d'éléphant en ivoire plus petites.

174 — Fusil Hammerless calibre 12.

175 — Fusil Hammerless calibre 16.

176 — Deux revolvers modèle Smith et Weyson.

177 —· Deux jardinières en cuivre ancien de Perse, sur pieds en fer forgé.

178 — Petit encrier en bronze argenté. Style Louis XV.

179 — Deux flambeaux en cuivre. Epoque Louis XIII.

180 — Couteau de chasse. xviie siècle.

181 — Trois petits vases en cuivre de Perse.

182 — Aiguière et son bassin en cuivre de Perse.

183 — Services de table en faïence et porcelaine.

184 — Service de verrerie.

185 — Suite d'objets d'étagères en porcelaines et faïences.

186 — Service de table en cristal de Baccarat.

187 — Deux sabres japonais en bois laqué.

188 — Deux hallebardes en fonte.

189 — Jardinière en fer peint, couleur paille.

190 — Lanterne en cuivre ajouré, de Perse.

191 — Cadre à miniatures.

BIJOUX, OBJETS DE VITRINE

192 — Bague fil d'or et émeraude cabochon montée à griffes.

193 — Epingle de cravate en or avec chiffre H en diamants.

194 — Epingle de cravate en or montée d'une perle grise.

195 — Epingle trèfle à quatre feuilles en diamants et émeraudes.

196 — Montre en or ciselé d'époque Louis XVI.

197 — Bracelet en or ciselé.

198 — Tabatière en argent niellé.

199 — Broche miniature portrait de femme émaillée. Style Louis XVI.

200 — Miniature représentant une jeune femme couchée sur un lit de repos.

201 — Eventail en écaille et plumes blanches.

202 — Service à café et à thé en argenture ciselée. Style Art nouveau.

203 — Coupe en jade vert finement évidée.

204 — Petit vase du Japon en argent orné de médaillons incrustés et niellés d'or, dessins à branchages.

205 — Huit netzukés anciens en ivoire sculpté.

206 — Petit brûle-parfums en ivoire finement sculpté et gravé dessin à personnages et cachets, travail du Japon.

207 — Boîte rectangulaire en ivoire finement incrusté de nacre teintée, de burgau, d'écaille et de corail, dessin à volatiles dans des paysages.

208 — Rafraîchissoir en plaqué.

TABLEAUX

Dessins, Aquarelles, Gravures

AMBROISE

209 — L'Eté et l'Automne. Paysages.

Deux aquarelles.

ATTENDU

210 — Nature morte.

AXE (De)

211 — Nature morte, violon, vase et musique.

BASSAN (Attribué au)

212 — Les Travaux champêtres.

Quatre peintures sur cuivre.

BAYARD (Emile)

213 — Femme en japonaise.

Signé en haut à gauche.

BENNER (E.)

214 — Roses dans un verre.

BERENY PARÈS

215 — Le Moine.

BLUM (Maurice)

216 — Le Couturier.

217 — Le Prestidigitateur.

218 — Garde Française. Soubrette.
Deux pendants.

BOUCHER (D'après)

219 — Amours.
Deux dessus de portes.

BOURGUIGNON (dit des Batailles)

220 — Chocs de cavalerie.
Deux pendants.

BRUNEL-NEUVILLE

221 — Paniers de fruits : pêches, groseilles et prunes.
Deux pendants.

222 — Natures mortes : pêches, prunes, raisin et melon.

Deux pendants.

BURGERS

223 — Le Peintre à l'église.

CAZET

224 — Jeune femme à sa toilette.

CHARTRAN

225 — Portrait de femme en robe de bal.

Signé en haut à droite.

CORBY (A.-M.)

226 — Portrait de femme décolletée parée d'un collier de perles.

Pastel.

CORNILLET

227 — Caravane dans le Caucase.

228 — Forêt de Fontainebleau.

COROT (Genre de)

229 — La Route, paysage.

COURBET (GUSTAVE)

230 — Cascade sous bois.

Avec dédicace : A mon ami Tremelet.

COURTOIS (J. dit le BOURGUIGNON)

231 — Chocs de cavalerie.

Deux pendants.

CUYP (Attribué à JACQUES)

232 — Portrait d'enfant.

DECAMPS (Attribué à)

233 — Pélagie nettoyant son chat.

Aquarelle ovale, cadre sculpté et doré.

DELPY (Fils)

234 — Paysage avec rivière.

DETAILLE (EDOUARD)

235 — Garde mobile.

Dsssin à la plume.

DIAZ (Genre de)

236 — La Promenade.

DUBOURG

237 — Panier de fleurs.

ESTOPPEY

238 — Paysages, vues de Suisse.

Deux pendants.

FABRON

239 — Porteur d'eau arabe.

GAUTIER (Armand)

240 — Religieuse en promenade.

GREUZE (Ecole de)

241 — Têtes de jeunes filles.

Deux pendants.
Cadres en bois sculpté et doré.

GRYFF (Attribué à)

242 — Nature morte.

GUIDO RENI (Attribué à)

243 — Tête.

Etude.

GUILLERMOT

244 — La Place du Marché.

HARRIS

245 — La Colère du perroquet.

HOBBÉMA (Attribué à)

246 — Paysage.

HOIN

247 — Entrée du village.

248 — Le Pont.

       Deux aquarelles se faisant pendants.

JACQUE (CHARLES)

249 — Rentrée du troupeau.

       Dessin à la plume.

LAMBERT (E.)

250 — Paysage avec rivière.

LAWRENCE (Attribué à Sir Th.)

251 — Portrait du Dr Sir James Earle, médecin du roi Georges III.

LEPOITEVIN

252 — Pâtre gardant les moutons.

LÉVY (Henri)

253 — Eve cueillant la pomme.

254 — Eve écrasant le serpent.

Deux pendants. Signés.

MATESDORFF

255 — La Vieille.

MILLET

256 — Le Campagnard.

Dessin.

MOUCHOT

257 — La Route.

NAPIER

258 — Officier à cheval.

PASCAL

259 — Femme orientale allant à la fontaine.

Aquarelle.

PICOU (Henri)

260 — Voilà le plaisir, Mesdames !

Deux aquarelles.

POUSSIN (Genre du)

261 — La Peste à Athènes.

PRIOU

262 — Tête de vieillard.

Fixé.

RENIÉ

263 — Route bordant la forêt.

ROSALBIN

264 — Nymphes et amours sous bois.

ROUBY

265 — Nature morte : Gerbes de fleurs et vases.

ROUSSEL

266 — Etude de femme.

Dessin.

RUBENS (D'après)

267 — Débarquement de Marie de Médicis au port de Marseille.

SAIN (Edouard)

268 — Ambroisine.

Dessin.

SAINT-LÉON

269 — Tête de femme.

SCHOOTING

270 — Quatre gravures anglaises : Sujets de chasse.

SERRIE (Louis)

270 *bis* — Scène historique.

SIMONI (de)

271 — Ruines de Rome.

TEN CATE

272 — Place de l'Etoile.

Pastel.

TITIEN (D'après le)

273 — La maîtresse du Titien.

VÉRONÈSE (D'après)

274 — Le Christ en croix.

WALKER

275 — Officier à cheval. Effet de neige.

WEBER (A.)

276 — Les Soldats.

Deux petits tableaux se faisant pendants.

WEBER (Th.)

277 — Les Pêcheuses.

ECOLE ANGLAISE

278 — Portrait d'homme.

ECOLE DE BOLOGNE

279 — Jeune homme tenant une grappe de raisin

ECOLE FRANÇAISE

280 — La Femme au bracelet.

Cadre ancien en bois sculpté et doré.

281 — Paysage et animaux.
>Forme ovale.

282 — Portrait d'homme à perruque.
>Cadre bois sculpté.

ECOLE ITALIENNE

283 — Les Buveurs de thé.
>Gouache, cadre sculpté et doré.

284 — Le Christ couronné d'épines.
>Dessin rehaussé d'aquarelle. Cadre sculpté et doré.

ECOLE MODERNE

285 à 287 — Trois portraits de femmes.
>Pastels.

288 — Paysage. Berger et son troupeau au bord d'une rivière.

289 — Route sous bois.

290 — Baigneuse sous bois.

291 — Marines et paysages.

Sept petits tableaux.

292 — Les champs.

293 — Les déesses.

Cinq petits panneaux dans un même cadre

294 — Deux gravures d'après Bernier. Le Matin
. et le Soir.

295 — Gravure ancienne encadrée représentant le
portrait de Louis XV.

296 — Gravure en noir : Une vocation.

297 — Gravure en noir : Léonore.

298 — Deux lithographies : le Guitariste et dan-
seuse espagnole, d'après Luigi LELOIR.

299 — Eau-forte : le Poète inspiré, de THIRION.

300 — Deux photographies : le Dernier jour de
Mozart et Les Intimes chez Beethoven.

TAPISSERIES, TENTURES

Tapis, Etoffes

301 — Tapisserie ancienne dite verdure.

302 — Panneau en ancienne tapisserie verdure avec volatiles.

303 — Tenture en soierie verte brochée ton sur ton.

304 — Tenture en velours de Gênes vert et jaune.

305 — Cinq stores garnis de guipure.

306 — Tenture en imitation de tapisserie.

307 — Neuf portières en étoffe orientale et imitation.

308 — Trois petits tapis, dessin oriental.

309 — Descente de lit peau de bouc.

310 — Trois grands rideaux en velours rose.

311 — Quatre rideaux en soierie jaune.

312 — Tenture de chambre à coucher en toile de Jouy.

313 — Deux rideaux et une portière velours de lin olive.

314 — Tapis de Smyrne fond rouge, $5^m15 \times 4^m15$.

315 — Tapis turc fond vieux rouge, bordure gros bleu, $4^m10 \times 3^m60$.

316 — Couvre-lit en filet ancien sur fond de soie rose.

317 — Châle en crêpe de Chine blanc brodé à fleurs et ornements, bordure à franges.

318 — Châle cachemire de l'Inde.

319 — Panneau en soie de Chine rouge finement brodé de dragons et de feuillage en soie de couleur.

320 — Panneau en soie de Chine jaune brodée dessin à dragons et caractères chinois.

321 — Deux panneaux de soie tissée en grisaille :
Le Passage du gué, le Ruisseau.

322 — Grand et beau tapis d'Aubusson décor à
fleurs.

323 — Deux peaux de tigres naturalisées.

324 — Tapis d'Orient à dessins variés.

325 — Objets omis.

9 782329 548470